AF174697

OBEDIENCIA

Pilar Pardo

OBEDIENCIA

SEVILLA · RENACIMIENTO
CALLE DEL AIRE

www.editorialrenacimiento.com

POLÍGONO NAVE EXPO, 17 • 41907 VALENCINA DE LA CONCEPCIÓN (SEVILLA)
tel.: (+34) 955998232 • editorial@editorialrenacimiento.com

Diseño de cubierta: Marie-Christine del Castillo,
sobre una acuarela de José Mateos

DEPÓSITO LEGAL: SE 774-2025 • ISBN: 979-13-87552-58-9
Impreso en España • Printed in Spain

Sólo en lo indesmayable de una aspiración imposible, en la fidelidad a un sueño y a una imagen de sí mismo, encuentra el fracaso su dignidad.

JOSÉ MATEOS

Y yo, que dudo,
no sé cómo dejar de ser quien soy.

CARMEN FERNÁNDEZ REY

OBEDIENCIA

TENGO que respirar
para seguir con vida,
incluso en los momentos
en que vienen ahogos
de pez fuera del agua.

Asearme, alimentarme
es también necesario.
Encontrar en la gracia de los estiramientos
y de ciertas torsiones la alegría
de hacer nido seguro en este cuerpo.

Envejecer es irse despojando.
Es asombrarse de eso que aún me queda
intacto de quien soy:
el miedo y la osadía. El entusiasmo.

Es preciso sentir que ellos me quieren.
Esas pocas personas
más allá de mi piel
que laten piel adentro y lo son todo.

Hoy descubro
en la mansa obediencia
estas ramas y cauces
en que viaja mi vida.

I. CASA EN RUINAS

ADOLESCENCIA PERDIDA

A María Jesús Moya

DEJAMOS que la vida
nos metiera en su jaula.
Cesamos de ser flechas apuntando,
precisas, decididas,
al corazón del cielo.
Sin saber lo que era,
perdimos lo más noble,
la fe, la compasión.
La justa indignación de quien es puro.
(Muere aquel que no vive
dispuesto a darlo todo en un instante).
Vivir es aceptar que nos vencieron.

AIRE DE FAMILIA

A Luis Fernando y Rocío Pardo

Lo que una vez fue ramillete unido,
entusiasmo de hojitas abrazadas
es hoy otoño al viento.

Qué poco en apariencia podemos compartir.
Inmerso cada uno en darlo todo
a hijos y quehaceres, coincidimos
en las celebraciones y en los lutos.

Algunas veces surge una palabra
que extrañamente invoca todo un orbe
de paisajes y juegos, de canciones.

Surge ante ti aquel niño que conoces
como a nadie en sus sueños y en sus miedos.
Reaparecen las pecas y el flequillo,
La herida aparatosa en la rodilla.
Nos volvemos a casa confortados
por esa esencia viva, irreductible
que tiembla bajo el tedio
de una vida marchita.

OTRO LUGAR DISTANTE

A Raúl Pizarro

MÁS temprano que nunca
voy recorriendo calles. Aún de noche,
las ventanas abiertas son tenues farolitos
invitando a asomarse. Palidecen
en esa claridad que no es luz todavía.

No ha empezado la inercia
del pesado engranaje. Aún es posible
mirarnos largamente
desde nuestra conciencia
de seres condenados a aturdirse
hasta matar este silencio vivo.

Ves pasar a unos niños con abrigos,
los cabellos peinados, el intenso
olor de la colonia. Aún el sueño
rebosa en sus miradas
largas y algo vacías. Te recuerdan
cuando eras como ellos. Lo real
no te podía herir. Por dentro estabas
volcada todavía en el prodigio
de nacer a esta vida procedente
de otro lugar distante
al que volvías aún sin darte cuenta.

Sólo cuando madrugas más que nunca
ves en los otros esa misma ausencia
sagrada de quien viene de otra parte.

EN CLASE

A Paco Márquez

¿CÓMO contaros que algunas mañanas
yo me encuentro perdida
y puedo diluirme
en el rosa del alba
de una mejilla vuestra?

¿Que con vuestra presencia
me hacéis volver
de una sima remota
sólo para anunciaros
que algunos versos y palabras
llevan el tiempo dentro?

A veces sólo existo
para tener cuidado
con todo lo que digo ante vosotros.

HEDONISMO

COME. Bebe. Disfruta
del festín que es la vida. Los placeres
uno detrás de otro. Sin pensarlo.
Goza de tus sentidos. Pierde el norte.

No sueñes. No te asomes
a la sima en que vive
tu ser más verdadero. No vislumbres
eso que habita en ti. Tú sigue huyendo.
Compra un rato de risa.

Atúrdete en la masa imitadora.
Y guárdate en el pecho
la desesperación de no ser nada.

CASA EN RUINAS

No la vi desde lejos.

Tras la trama de higueras
donde estaba la puerta, las acacias
levantaban sus brazos cimbreantes
donde se erguían paredes.

Pude pasar muy cerca
sin notarla: fue una casa
donde el horno doraba
el pan de cada día.

En su abandono
recibió la visita
incesante del viento.
Cada grieta colmada
de polvo y de semillas
desde el tejado al suelo.

Con la lluvia brotaron
ortigas y amapolas,
tomillos, jaramagos…

Pasó más tiempo.

Brotaron los quejigos,
crearon esta umbría
espesa en que la casa
se ha ido deshaciendo.

Frecuento este lugar
envuelto en bosque vivo.
                    Quiero ser
en mi muerte este mismo
umbral donde se elevan
frondosos los poemas.

RÍO TINTO (HUELVA)

A Sergio Moreno

TAL vez el desagrado de lo turbio,
de los tonos cobrizos
fluyendo río abajo
                    sea el recuerdo
de nuestra propia sangre.

La misma arcilla leve
viajando hacia un lugar que no sabemos.

MEDITACIÓN

A Vicente Gallego

SE espesa la ceguera con la lluvia,
dejando fuera el mundo.
Se aleja el exterior tras los cristales.
Se vuelve plenitud
lo que nos pasa dentro.
Cada nimio detalle
cobra una intensidad inesperada. Lo impreciso
se vuelve detallado y descubrimos
que existe un mar aquí.
Con su rumor eterno. Sus mareas.
Su soledad. Su huida de sí mismo.

Susurra en mis oídos. Y las constelaciones
navegan por mi sangre. Las galaxias
son espirales de misterio.
Callan en nuestro ser espacios infinitos.
Aparece la extraña simetría
secreta entre partículas y el todo.

Hay un abismo vivo
bajo el aturdimiento
                    de la vida corriente.

VOY recorriendo calles
por las que antes del alba era sencillo
encontrarse con él.

Mientras, como los galgos, desplegaba
la fiesta de estar vivo en su carrera.
No paraba de darse a cada instante,
derramando su ser en un poema.

En cada nuevo ciclo
de gracia y entusiasmo
nos quedará la luz de su sonrisa.

WICHITA LINEMAN*

A Sandro Luna

TANTOS años viviendo
junto a las vías de hierro, vigilando
para que pase raudo
el tren lleno de rostros y de cuerpos
camino del gran ruido.

Las calles atestadas
de gente, las tabernas.
Las tiendas, los mendigos.

Sometido a su horario,
siempre solo
el guardagujas viejo
oye pasar el río caudaloso
de seres en tumulto
y siente que les ama,

aunque ya no recuerde
lo que era abandonarse a esa corriente.

* Poema inspirado en la canción «Wichita lineman», escrita por Jimmy Webb, 1968,
cantada por Glen Campbell.

CAN'T FIND MY WAY HOME*

A José Ignacio y Miguel Pardo

EN la noche cerrada avanza un coche
cortando la negrura más espesa.

Las líneas se iluminan con destellos.

Ciertas ramas
                parece que saludan.

En ese coche van unos amigos
amontonados sobre los asientos.

Sus brazos y sus piernas
entretejen un nido.

                Van despiertos.
Gime en los altavoces la maestría
de Eric Clapton punteando su tristeza.

Una extraña alegría encuentra el modo
de expandirse hasta ser la noche misma.

* Poema inspirado en la canción «Can't find my way home», escrita por Steve Winwood
en 1969. Banda: Blind faith.

II. EL MÚSICO

ESTABAS confinado
en un bosque bañado por la lluvia.
Yo andaba recorriendo
en viajes sucesivos cada estancia
por dentro de mí misma.

Donde cada palabra
puede ser un engaño,

nos dimos la verdad el uno al otro.

SIGNIFICADO

A Carmen Fernández Rey y a José Natera

ALGO se pone en marcha. Va a tu encuentro.
Al doblar esa esquina
sabe todo tu ser que algo te espera.

Llevas toda tu vida
notando en una luz determinada,
en la brisa envolvente de un instante,
la certeza de que un hallazgo avanza.

Que todo tu dolor tiene sentido.

PRODIGIO

A Manuel Luís

No hay canto en este mundo
que se acerque siquiera a este silencio
con que te has decidido a saludarme.

Como ese petirrojo
al que hablé dulcemente una mañana
y ya no me dejó de hacer señales
meciéndose en la hierba, columpiando
su adorable descaro entre las cañas.
Así me andas llamando hace unos días

y haciendo que me calle a todas horas
porque de tanto encanto inmerecido,

de tanta adoración me estás matando.

EL MÚSICO

REGÁLAME tus alas.
                    No me niegues
cobijo en esa suavidad de hombre.
Ni siquiera vislumbras
el poder que te asiste cuando cantas.

Te asombras si te cuento
que cubres de caricias a la audiencia.
Que compartes tu cuerpo con un ángel.

La música recorre los rincones
a donde nunca llega luz alguna,
donde hay también un cielo
cantando con la luz de las estrellas.

MOZART

A Enrique Parrilla

EL cuarto diminuto está en penumbra.
Paredes gruesas. Insonorizadas.
Teclados en la mesa.
Recuerda el locutor absorto en el concierto
vagamente su mesa de cuando él era niño.
Estrecha. Abigarrada. Y, de repente,
se expande la emisora.
Se despliega sin prisa
al compás del concierto,
la sutileza suma de un vuelo a ras de agua.
Amaneceres. Bosques. El cántico de un río.
Tejados y azoteas. Dunas y sus contornos.
Hasta un mar de contento,
denso como caricia,
desfila ante sus ojos
en miles de matices cristalinos
brotados de una misma partitura.
Viaja a través de ondas
hercianas este son. A través de la Red
pasea los continentes.
Cada hueco y volumen, cada plano
sumergido en compás, en melodía,
recobra el esplendor
de aquello que miramos desde un pozo
colmado de inocencia,
que creíamos perdido.

CUANDO callo
                    te enciendes
en llama inextinguible. Mi silencio
te hace volar al aire de otra orilla
en la que mi alma espera
anidar en tu cuerpo. Confundida
bajo tu piel
                    contigo.

DECÍAMOS que era
la última vez.
E íbamos como locos en la noche
a hervir en un abrazo
derretido en jadeos.

Nos rendía la entrega
y había que volver a nuestras casas.
Jurábamos que ya teníamos bastante.
Pasaban unas horas. Comenzaba
la sed a hacerse pozo
sin fondo de sentirme
de nuevo entre tus brazos.

OCULTO

A Néstor Arismendi

HABLO con compañeros del trabajo
y me callo tu nombre.
Les escucho quejarse.
Me pregunto si en ellos
hay un volcán latiendo.
Si son pasto del fuego
que hace estallar el cauce de mis aguas.
Si también ellos vuelan caminando.

Si pueden ver un rostro muy concreto
cada vez que sus ojos se cierran un instante.
Me muevo entre estas salas de teatro.
Balbuceo mis textos. Me salgo de la escena.
Mi alma se ha quedado
sonámbula en tus brazos. No comprendo
cómo no se dan cuenta.

SOMBRA AMABLE

ALGO dentro de mí siempre ha sabido
que puedo refugiarme en tu silencio.
Cuando callas me haces estar de vuelta
a tanta sombra amable de rama y de arbolado
mientras el sol afila su espada más candente.

A CAMBIO

TODO aquello que soy.
Los recuerdos que aúno. El entusiasmo
sin el que es imposible imaginar mi vida. Te lo doy.
Yo sólo quiero ser
hojita en rama nueva.

III. LIBRO DE LA OBEDIENCIA

INICIO Y DECLIVE

a Manuel J. Pacheco

TODAS las cosas llevan
las esencias contrarias, ocultas piel adentro.
La noche y sus silencios son presagio
del leve renacer que rompe en la mañana.
La sequía completa va reuniendo un tesoro
de lluvia prometida.
Reverdecen las piedras. Nace el cielo
de un rosa nunca visto. Se marchitan
las aguas del estanque.
Sucede que el inicio y el declive,
a veces, se parecen demasiado.
Como una sugerencia
de que nada termina, de que en todo
anida un suave indicio venidero.

EL PASEO

A Pedro Sevilla

ANDAMOS cabizbajos
porque ya no se puede
seguir alimentando la codicia
en que crecemos.
Y, sin embargo, salgo a campo abierto:
multitud de jilgueros,
gorriones, golondrinas,
petirrojos y mirlos.
No sé qué significa
la insensatez de ser lirio del campo,

de ser ave del cielo que no siembra
ni guarda en estos tiempos.

LO QUE SIEMPRE VUELVE

Al recuerdo de Aquilino Duque

JUNTO al rumor del río
se mecen unos chopos
vestidos con sus hojas debutantes.
Me llega en esta luz,
en estos suaves tonos renovados
un cúmulo de sueños juveniles.
Las risas. Los amores
que no pudieron ser y reverdecen
en cada primavera
mientras exista el mundo.

TERRENAL Y CELESTE

A Susana Benet

LAS tardes de verano eran eternas.
Al regresar del huerto Blas dejaba
coles y berenjenas sobre el mármol
de la cocina. Aún hoy
puedo cerrar los ojos en presencia
de las verduras frescas
y vuelven esos días.

Cuando caía la noche,
la oscuridad completa
encendía en los cielos las señales
de incontables estrellas.

Pasaron unos años.
Crecí para ser tierra en que brotasen
olores de la vida. Me fui haciendo
ciclo de flor y fruto
siempre aguardando el riego.

Podía cerrar los ojos en la noche
y notar en mi ser
cada constelación y cada astro
orbitando sin pausa.
Terrenal y celeste.

ENCIERRO

SE enciende la mañana
y viene a visitarme por Levante
un río de destellos
fluyendo en las paredes de mi cuarto.
Si no puedo salir
y me quedo encerrada, viene el campo
y la luz a buscarme.
A reclamar que mire,
como reclama el niño
atención a sus juegos y proezas.

UN CAMALEÓN

A Antonio Moreno

ME está mirando un pino fijamente.
Recorre minucioso cada una de sus ramas.
Se mece y adelanta
su mano diminuta, confiado
en que no pueden verle.
Nunca un amor fue tanto.
Capaz de hacerse copia
precisa en los matices.
Transfigurado en pino,
se deja acariciar por la intemperie.

ENTREVIENDO

EN esa transparencia
cambiante de los cielos,
entre el negro y el rosa,
la infinita paleta
de azules y naranjas
se supone que estás.

Debajo del residuo
que somos todo el tiempo.
En la basura. En el estercolero
cubierto en las afueras
con los más tiernos brotes
tenemos que aprender a vislumbrarte.

En la sed absoluta
de beberme las lágrimas
amargas de estar sola
he de aprender a oír
todo lo que insinúa este silencio.

EL PASTOR DE NUBES

A José Mateos

YA ha salido de nuevo a los caminos.
Es el pastor de nubes.
Las guarda y acompaña
bajo el sol o la lluvia. Las conoce.
Las llama por sus nombres
y mansamente acuden.
Cuando entona su canto
todo el campo se vuelve latiendo en hermosura.

SOMBRA DE OCTUBRE

VA cayendo la tarde
mientras camino a solas.
Le voy dando la espalda al suave incendio
del poniente, en que arde
el tuero de este día que se abrevia.
La sombra de mis pasos
se derrama en la tierra. Como premonición
de cuanto le voy dando.

Antes de que me tome por completo.

EN otoño las hojas aletean.
Saltan en vuelo raudo. Ven cumplido su sueño
de ser, por fin, huida.
Ingrávido viaje. Oro crujiente.
Abandonar de un salto
esta altura engañosa

para ser solo fuga.

ÍNDICE

I. CASA EN RUINAS

II. EL MÚSICO

III. LIBRO DE LA OBEDIENCIA

OBEDIENCIA
DE PILAR PARDO
SE TERMINÓ DE IMPRIMIR
EL 22 DE ABRIL DE 2025